道可道
非恆道
名可名非恆
名無名天地之始有名萬物
之母故恆無欲也
以觀其
妙恆有欲也以觀
其徼此兩者同出而異名同
謂之玄玄之
又玄眾
妙之門

天下皆
知美之爲美
斯惡已皆知善之
爲善斯不善
已故有無相
生難易相成長短
相形高下相
傾音聲相和前後
相隨是以聖人處
無爲之事行
不言之敎萬物作
焉而不辭生
而不有爲而
不恃功成而弗居
夫唯弗居是
以不去

不尙賢使民
不爭不貴難得之
貨使民不爲盜不見可欲使民心
不亂是以聖人之
治虛其
心實其腹弱其志
強其骨常使民無知無欲使夫智
者不敢為也為無
為則無不治

四

道沖而用之或不
盈淵兮似萬物之
宗挫其銳解其紛
和其光同其塵湛
兮似或存吾不知
誰之子象帝之先

五

天地不仁以萬物
　為芻狗聖人
　不仁以百姓
　　為芻狗
　天地之閒其
　　猶橐籥
　乎虛而不屈
　動而愈出多
言數窮不如守中

六

谷神不
死是謂
玄牝玄牝之門是謂天地根綿綿
若存用
之不勤

七

天長地久天
地所以
能長且
久者以其不自生
故能長生是以聖人後其身而身
先外其身而身存
非以其
無私邪
故能成其私

八

上善若水水
善利萬物而有靜
處眾人之所惡故幾於道居善地
心善淵與善仁言善信正善治事
善能動善時夫唯
不爭故無尤

九

持而盈
之不如其已揣而
銳之不
可常保
金玉滿堂莫之能
守富貴
而驕自
遺其咎功遂身退
天之道

載營魄抱一能無
離乎專
氣致柔能嬰
兒乎滌
除玄覽能無疵乎
愛民治國能無知乎天門開
闔能為雌乎明白四達能無
爲乎生之畜之生
而不有
為而不恃
長而不
宰 是謂玄德

三十輻共一
轂當其無有車之
用埏埴以為器當
其無有
器之用鑿戶
牖以為
室當其無有室之
用故有之以為利
無之以為用

五色令人目
盲五音令人耳聾五味令人
口爽馳騁畋獵令
人心發
狂難得之貨令人
行妨是以聖人為腹不為目
故去彼取此

寵辱若驚貴大患
若身何謂寵辱若驚寵為下得之
若驚失之若驚是
謂寵辱若驚何謂
貴大患若身吾所以有大患者為
吾有身及吾無身
吾有何患故貴以
身為天下若可寄天下愛以身為
天下若可託天下

一十四

視之不見名
曰夷聽之不
聞名曰希搏之不得名曰微
此三者不可致詰故混而為
一其上不皦其下
不昧繩
繩不可名復
歸於無物是
謂無狀
之狀無物之象是
謂惚恍迎之不見其首隨之
不見其後執今之道以御今
之有能知古
始是謂道紀

一十五

古之善為道者微
妙玄達深不可識夫唯不可識故
強為之容豫兮若冬涉川猶兮若
畏四鄰儼兮其若客渙兮若冰之
將釋敦
兮其若樸曠兮其若谷渾兮其若
濁孰能濁以靜之徐清孰能安以
動之徐生保此道不欲盈夫唯不
盈故能蔽而新成

一十六

致虛極守靜篤萬
物並作吾以觀復夫物芸芸
各復歸其根
歸根曰靜是謂復
命復命曰常知常
曰明不知常妄作
凶知常容容
乃公公乃王王乃天天乃道
道乃久沒身不殆

太上下
知有之
其次親而譽
之其次
畏之其次侮
之信不
足焉有
不信焉悠兮
其貴言
功成事遂百
姓皆謂
我自然

一十八

大道廢
有仁義智慧
出有大偽六
親不和有孝
慈國家昏亂
有忠臣

一十九

絕聖棄智民
利百倍絕仁棄義
民復孝慈絕巧棄
利盜賊無有此三
者以為文不足故
令有所屬見素抱
樸少私寡欲

絕學無憂唯之與

阿相去幾何善之與惡相去

何若人之所畏不可不畏荒兮其

未央哉眾人熙熙如享太牢

如登春臺我

獨泊兮其未兆若

嬰兒之未孩乘乘兮若無所歸眾

人皆有餘而我獨若遺我愚人之

心也哉沌沌兮俗

人昭昭我獨

昏昏俗人察察我獨悶悶忽

兮其若晦寂兮似無所止眾人皆

有以我獨頑且鄙我獨異於

人而貴求食於母

孔德之容唯道是
從道之為物惟恍惟惚惚兮恍其
中有象恍兮惚其中有物窈
兮冥兮其中有精
其精甚真其中有信自古及
今其名不去以閱眾甫吾何以知
眾甫之然哉以此

曲則全枉則
直窪則盈弊
則新少則得多則惑是以聖
人抱一為天
下式不
自見故
明不自伐故彰不
自是故有功不自
矜故長
夫惟不
爭故天下莫
能與之爭古之所謂曲則全
者豈虛言哉
誠全而歸之

希言自
然故飄風不終朝
驟雨不
終日孰為此者天
地尚不
能久而況於人乎
故從事於道者道者同於道德者
同於德失者同於失同於道者道
亦樂得之同於德
者德亦
樂得之同於失者
失亦樂
得之信不足焉有
不信焉

跂者不
立跨者不行
自見者不明自是者不彰自
伐者無功自
矜者不長其
在道也曰餘食贅行物或惡
之故有道者
不處也

二十五

有物混
成先天
地生寂兮寥兮獨
立而不改周行而不殆可以為天
下母吾不知其名字之曰道強為
之名曰大大曰逝
逝曰遠遠曰反故道大天大地大
王亦大域中有四大而王處一焉
人法地地法天天
法道道
法自然

重為輕根靜為躁
君是以
君子終
日行不離輜
重雖有榮觀燕處超然奈何
以萬乘之主
而身輕
天下輕
則失臣躁則失君

二十七

善行無轍跡善言無瑕讁善計不用籌策善閉無關鍵而不可開善結無繩約而不可解

是以聖人常善救人故無棄人善救物故無棄物是謂襲明故善人不善人之師不善人善人之資不貴其師不愛其資雖智大迷是謂要妙

二十八

知其雄
守其雌為天下谿
為天下谿常
德不離復歸於嬰兒知其白
守其黑為天
下式為天下
式常德不忒復歸
於無極知其榮守
其辱為天下
谷為天下谷
常德乃足復歸於朴朴散則
為器聖人用
之則為官長故大
制不割

二十九

將欲取天下
而為之吾見其不得已天下
神器不可為也為者敗之執者失
之故物或行或隨或呴或吹或強
或羸或載或隳是以聖人去
甚去奢去泰

以道佐人主者不
以兵強天下其事好還師之所處
荊棘生焉大軍之後必有凶年故
善者果而已矣不敢以取強
果而勿矜果而勿伐果而勿驕果
而不得已果而勿強物壯則老是
謂不道不道早已

夫佳兵者不祥之
器物或惡之故有道者不處
是以君子居則貴左用兵則貴右
兵者不祥之器非君子之器
不得已而用
之恬淡為上
勝而不
美而美之者
是樂殺人也
夫樂殺
人者不可得
志於天下矣
故吉事尚左凶事尚右是以
偏將軍處左上將軍處右以喪禮
處之殺人之眾以悲哀蒞之
戰勝以喪禮處之

道常無名朴
雖小天下不敢臣候王若能
守萬物將自賓天地相合以降甘
露人莫之令而自均始制有
名名亦既有夫亦將知止知止所
以不殆譬道之在天下由川
谷之於江海

知人者
智自知
者明勝人者有力
自勝者
強知足
者富強
行者有
志不失其所者久
死而不
亡者壽

大道汜
兮其可左右
萬物恃之以
生而不辭功
成不名有衣被萬
物而不
為主常
無欲可
名於小
萬物歸焉而不為
主可名於大
是以聖人終
不為大故能
成其大

執大象
天下往
往而不害安
平泰樂與餌
過客止道之
出口淡乎無
味視之不可
見聽之不可
聞用之
不可既

三十六

將欲歙之必
固張之將欲弱之
必固強
之將欲廢之必固
興之將欲奪之必固與之是謂微
明柔勝剛弱勝強
魚不可
脫於淵國之利器
不可以示人

三十七

道常無
為而無
不為侯
王若能守萬
物將自
化化而欲作吾將
鎮之以無名之樸
無名之
樸亦將不欲
不欲以
靜天下
將自正

上德不德是以有
德下德不失德是以無德上
德無為而無以為下德為之而有
以為上仁為之而無以為上
義為之而有以為上禮為之
而莫之應則
攘臂而仍之
故失道而後
德失德而後
仁失仁而後
義失義而後禮夫禮者忠信
之薄而亂之首也前識者道
之華而愚之始也是以大丈夫處
其厚不處其薄居其實不居
其華故去彼取此

昔之得一者天得

一以清地得一以靈神得一以寧

谷得一以盈萬物得一以生

侯王得一以為天下貞其致之一

也天無以清將恐裂地無以寧將

恐發神無以靈將

恐歇谷無以盈將

恐竭萬物無以生

將恐滅侯王無以貞貴高將恐蹙

故貴以賤為本高以下為基侯王

自謂孤寡不穀此其以賤為

本也非乎故致數車無車不欲琭

琭如玉落落如石

四十零

反者道之動
弱者道
之用天下萬
物生於
有有生於無

上士聞道勤而行
之中士
聞道若存若
亡下士聞道大笑之不笑不
足以為道故建言有之明道若昧
進道若退夷道若纇上德若谷大
白若辱廣德若不足建德若偷質
直若渝大方無隅大器晚成
大音希聲大
象無形
夫惟道善貸且成

四十二
道生一
一生二二生
三三生萬物
萬物負陰而抱陽
沖氣以為和人之所惡孤寡
不穀而王公
以為稱故物
或損之而益或益之而損人
之所教我亦教之
強梁者不得
其死吾將以
為教父

天下之至柔馳騁
天下之至堅
無有入於無
間吾是
以知無
為之有益不
言之教無為
之益天下希及之

名與身孰親身與
貨孰多得與亡孰
病是故甚愛必大費多藏必
厚亡知足不辱知
止不殆可以長久

四十五

大成若缺其
用不敝大盈
若沖其用不
窮大直若屈
大巧若拙大
辯若訥躁勝
寒靜勝熱清
靜為天下正

天下有道卻
走以糞天下無道戎馬生於
郊罪莫大於
可欲禍莫大
於不知足咎莫大於欲得故
知之足常足

不出戶
知天下不窺牖見
天道其出彌
遠其知
彌少是
以聖人不行
而知不見而名不
為而成

為學日
益為道日損
損之又損以至於無為無為
而無不為矣
故取天下者常以無事及其
有事不足以
取天下

聖人無常心以百
姓心為心善者吾善之不善
者吾亦善之德善
矣信者
吾信之不信
者吾亦信之
德信矣
聖人在天下惵惵
為天下渾其心百姓皆注其
耳目聖人皆孩之

出生入死生之徒
十有三死之徒十有三民之
生動之死地亦十有三夫何
故以其生生之厚蓋聞善攝
生者陸行不遇兕虎入軍不
被甲兵兕無所投其角虎無
所措其爪兵無所容其刃夫
何故以其無死地

道生之德畜
之物形之勢成之是以萬物
莫不尊道而貴德
道之尊德之貴夫莫之命而常自
然故道生之德畜之長之育之成
之熟之養之復之
生而不有為而不恃長而不
宰是謂玄德

天下有
始以為天下
母既得其母以知
其子既
知其子復守其母
沒身不
殆塞其兌閉
其門終
身不勤
開其兌濟其
事終身
不救見小曰明守
柔曰強
用其光復歸其明
無遺身殃是
謂習常

使我介然有知行
於大道
惟施是畏大
道甚夷而民好徑朝甚除田
甚蕪倉甚虛服文綵帶利劍
厭飲食財貨
有餘是
謂盜夸非道也哉

五十四

善建者
不拔善抱者
不脫子孫祭祀不
輟修之於身其德乃真修之
於家其德乃餘修之於鄉其德乃
長修之於國其德乃豐修之於天
下其德乃普故以身觀身以家觀
家以鄉觀鄉以國觀國以天
下觀天下吾何以
知天下之然
哉以此

含德之

厚比於

赤子毒蟲不螫猛

獸不據

攫鷙不

博骨弱

筋柔而握固未知

牝牡之合而全作精之至也

終日號而嗌不嗄和之至也

知和曰常知常曰

明益生

曰祥心

使氣曰

強物壯則老是謂

不道不

道早已

知者不言言者不
知塞其兌閉其門挫其銳解其紛
和其光同其塵是
謂玄同不可得而親不可得
而疏不可得而利
不可得而害不可得而貴不可得
而賤故為天下貴

以正治
國以奇
用兵無事取
天下吾何以知其然乎以此
天下多忌諱
而民彌貧民多利
器國家
滋昏民多技巧奇物滋起法令滋
彰盜賊
多有故聖人云我
無為而民自
化我好靜而民自正我無事
而民自富我
無欲而
民自朴

其政悶悶其
民醇醇其政察察
其民缺缺禍兮福所倚福兮禍所
伏孰知其極其無
正耶正復為
奇善復為妖民之
迷其日固久是以聖人方而不割
廉而不劌直而不
肆光而不耀

治人事天莫
如嗇夫
惟嗇是
謂早服
早服謂之重積德
重積德則無不克無不克則
莫知其極莫知其極可以有
國有國之母可以
長久是
謂深根
固蒂長
生久視之道

治大國若烹
小鮮以
道莅天
下其鬼
不神非
其鬼不神其神不
傷人非其神不傷
人聖人
亦不傷
人夫兩
不相傷
故德交歸焉

六十一

大國者下流

天下之交天下之

牝牝常以靜勝牡以靜為下故大

國以下小國則取小國小國以下

大國則取大國故

或下以取或下而取大國大過欲

兼畜人小國小過欲入事人夫兩

者各得其所欲故

大者宜為下

道者萬物之奧善
人之寶不善人之所保美言
可以市尊行
可以加人人
之不善何棄
之有故立天
子置三公雖
有拱璧以先
駟馬不如坐
進此道古之
所以貴此道
者何也不曰求以得有罪以
免邪故為天下貴

為無為事無
事味無
味大小多少報怨
以德圖難于其易為大于其細天
下難事必作于易天下大事
必作于細是以聖人終不為
大故能成其大夫輕諾必寡信多
易必多難是以聖
人猶難
之故終無難

其安易持其未兆
易謀其脆易
破其微易散為之
于未有治之
于未亂合抱之木生于毫末
九層之臺起于累土千里之行始
于足下為者敗之
執者失之聖人無為故無敗無執
故無失民之徒事
常于幾成而敗之慎終如始則無
敗事是以聖人欲不欲不貴
難得之貨學
不學復眾人之所
過以輔萬物
之自然而不敢為

古之善為道
者非以明民將以愚之民之
難治以其智多以智治國國
之賊不以智治國國之福知此兩
者亦楷式能知楷式是謂玄
德玄德深矣遠矣與物反矣
乃至于大順

六十六

江海所以能為百
谷王者以其善下
之故能
為百谷王是以聖
人欲上人必以言下之欲先
人必以身後之是
以聖人處上而人
不重處前而
人不害是以天下
樂推而不厭以其
不爭故天下莫能與之爭天
下皆謂我道大似
不肖夫
惟大故似不肖若
肖久矣其細也夫

我有三寶持而寶
之一曰
慈二曰儉三曰不
敢為天下先
慈故能勇儉
故能廣
不敢為天下
先故能成器
長今捨慈且
勇捨儉
且廣捨其後
且先死矣夫
慈以戰則勝以守
則固天
將救之以慈衛之

善為士者不
武善戰者不怒善勝敵者不
爭善用人者為之下是謂不
爭之德是謂用人之力是謂
配天古之極

六十九
用兵有
言吾不敢為
主而為客不敢進
寸而退尺是謂行
無行攘無臂
扔無敵執無
兵禍莫大於輕敵
輕敵幾喪吾寶故
抗兵相加哀
者勝矣

吾言甚易知
甚易行天下
莫能知莫能
行言有
宗事有君夫惟無知是以不
我知知
我者希則我
者貴是以聖
人被褐懷玉

七十一

知不知上不
知知病
夫惟病
病是以
不病聖
人不病
以其病
病是以不病

七十二
民不畏威威
至矣無狎其所居
無厭其
所生夫惟不厭是
以不厭是以聖人
自知不
自見自愛不自貴
故去彼取此

七十三

勇於敢
則殺勇
於不敢則活此兩
者或利
或害天
之所惡
孰知其故是
以聖人猶難
之天之道不
爭而善勝不
言而善
應不召
而自來
坦然而善謀天綱
恢恢疏
而不漏

七十四

民不畏死奈何以
死懼之若使民常
畏死而為奇
者吾得執而殺之
孰敢常
有司殺
者殺夫代司殺者
殺是謂代大
匠斲夫代大匠斲
者希有不傷手矣

民之饑
以其上食稅之多
是以饑
民之難
治以其上之
有為是
以難治民之
輕死以
其求生之厚
是以輕
死夫惟
無以生為者是賢
於貴生

人之生也柔
弱其死也堅強萬物草木之
生也柔脆其死也枯槁故堅
強者死
之徒柔弱者生之徒是以兵
強則不勝木強則兵強大處
下柔弱處上

天之道

其猶張弓乎

高者抑之下

者舉之有餘者損之不足者

補之天之道

損有餘而補不足人之道則

不然損不足以奉有餘孰能

有餘以奉天

下唯有道者是以聖人為而

不恃功成而

不處其不欲

見賢耶

天下柔

弱莫過於水

而攻堅強者莫之能勝其無

以易之弱之勝強

柔之勝

剛天下莫不知莫

能行故

聖人云受國之垢

是謂社稷主受國之不祥是

謂天下王正

言若反

七十九

和大怨必有
餘怨安
可以為善是
以聖人執左契而
不責於人有德司
契無德司徹
天道無
親常與善人

小國寡
民使有什伯人之
器而不
用使民重死
而不遠
徙雖有舟輿
無所乘之雖有甲
兵無所陳之
使民復結繩
而用之甘其食美
其服安其居
樂其俗
鄰國相望雞
犬之聲
相聞民至老死不
相往來

八十一

信言不美美言不
信善者不辯辯者不善知者不博
博者不知聖人不
積既以
為人己愈有既以
與人己愈多天之道利而不害聖
人之道為而不爭